JN440506

기다림의 수채화

국립중앙도서관 출판시도서목록(CIP)

기다림의 수채화 : 김외식 시집 / 지은이: 김외식. -- 대전
: 오늘의문학사, 2014
p. ; cm

ISBN 978-89-5669-606-5 03810 : ₩10000

한국 현대시[韓國 現代詩]

811.7-KDC5
895.715-DDC21 CIP2014009411

기다림의 수채화

‖ **김외식** 시집 ‖

오늘의문학사

❥ 머리말

내 마음의 길을 열며

책을 한 권 발간하여 내놓는 일은 정말 두려운 일이 아닐 수 없습니다. 글이란 자신의 삶이나 내면세계를 솔직하게 드러내지 않고는 쓸 수 없는 일이기 때문입니다.

나는 이 시집을 내놓으며 독자의 평가가 두렵습니다. 왜냐하면 평가를 받을 만한 수준인가, 스스로도 확신하지 못하기 때문입니다.

저명한 시인들의 시는 글귀 하나하나마다 오묘한 뜻이 담겨있음을 알 수 있습니다. 반면에 나는 마음에서 느낀 대로 자연스럽게 썼습니다. 내용의 깊이는 물론 글의 구조나 표현에서도 서툴 것이라 생각합니다.

사물에 대한 느낌이나 생각을 단순하게 기록한 글들로 시집을 발간합니다. 여러 사람들의 가슴에 공감을 형성하고 싶지만, 그렇지 않더라도 자신에 대한 믿음으로 행복합니다.

맑고 호젓한 시의 세계로 갈 수 있도록 만들어준 사회가 있습니다. 우리 삶의 현장에서 애환과 고통을 녹여 행복으로 승화할 수 있었으면 좋겠습니다.

혹여 부족한 것이 드러나더라도 따뜻한 가르침으로 인도하여 주시기를 기대하며, 저와 인연을 맺은 분들과 저서 발간의 기쁨을 함께 합니다.

2014년 새봄에.

저자 김 외 식

*** 차례 ***

제1부 봄이 오는 소리

*** 차례 ***

제2부 하나 되는 길

*** 차례 ***

제3부 나는 누구인가

*** 차례 ***

제4부 행복은 어디에서 오는가

‖ 시인이 쓴 산문 ‖

‖ 기자가 본 김외식 ‖

제1부

봄이 오는 소리

봄이 오는 소리

깊은 곳에서
봄이 오는 소리가 들린다.
가슴에도 실개천 물소리가 들린다.
지천에 숨어있던 게으른 철새는
갈 길이 바쁜지
이제야 푸드덕 하늘로 난다.
경사진 밭둑의 새싹은
엄동의 털을 벗으려 기지개를 켜고
도랑의 얼음은 힘이 빠진다.
그 밑으로 흐르는 물 소리,
그리고 새소리, 그 하모니에
내 마음은 허공을 난다.
마음을 잡아 줄 미지의 그 사람,
봄과 함께 오려나 기다려진다.

허수아비

달마 눈을 하고
어딜 그리 눈싸움 하듯 응시하는가.
참새떼 무서워
멀리서 빙빙 돌며 기회를 엿본다.
중학생 교복에 밀짚모자
외발다리 나만 믿는 중인
만날 날 언제인가 오늘도 기다린다.
세
　　월
은
　　가
고
눈발은 휘날리는데
언제까지 그를 여기에 세워두어야 하나.

금강

은빛 여울목이 세월을 안은 채
거역 않고 만들어내는
저 소리
천 년 전에도 같았을까?
그 후에도 오늘과 똑 같을까?
인간의 이기가
파괴한 상처에도
재난의 질곡에도
잔잔한 저 수평을 보여준다.
유한한 시간인데
나와 함께 할 줄 아는 것이 있을까,
무지를 한탄한다.
백사장의 모래알보다 더 작은 나는
금강 여기에 있는
존재의 의미를 풀고 싶다.

불가사의(不可思議)

그리스 신의 제전에서 유래된
인류의 축제 스포츠 올림픽!
은반 위에서 미끄러지는
선의 예술은
인간이 만들어 내는
전무후무한 예술의 극치이다.
그 전율의 감동은
일상의 번뇌를 털어버린다.
세상만사에도 티가 있게 마련,
환상의 예술 피겨스케이팅,
엉덩방아를 찧을 때
안타까운 탄성이 절로 나온다.
그러나 그 티마저 예술이다.
무한한 예술의 경지에 오른
그 노력에 박수를 보낸다.

불륜(不倫)

사랑은 오로지 진실이어야 한다.
손가락질 따위야 덮어두고
당신과 나 두 사람의
사랑이라면,
진실한 사랑이라면,
우리 스스로의 자유가 필요하다.
수십 길 낭떠러지에 떨어져도
절망 따위는 벗어버리고
공간이 좁으면
세상이 내 것이라 허풍 쳐도 좋다.
어쩌면 거짓도 진실이다.
알아야 할 것도 때로는 덮어두고
모르는 것은 모른 체하자.

고라니

나지막한 산 밑에 자리 잡은
작은 보리밭
하얀 이불 덮었다.
꿈틀대며 살짝 내민
아기 발가락 누가 만질까?
조심하는데
고라니에게 들켰다.
한번 뜯고 먼 산을 보며 우물우물
두 번 뜯고 경계하다
나와 눈이 마주쳤다.
조롱박을 타 세워놓은 듯
두 귀를 쫑긋 세우고
용수철처럼
뛰어올라 숲속으로 사라진다.

후회

현재를 버리고
내일로
내년으로
또 시간을 미루는 사이에,
나는
아무것도 할 수 없게 될지 모른다.
계획한 대로
생각이
따라올 때
용기를 내어 실행해야 한다.
지금 일어서야겠다!

달빛 시선

완전히 벗겨진
여체 위에서

용맹스럽게 넋을 잃고 잠시 그대를 바라보고 있다. 젊을 때는 오로지 빼앗는 것밖에 몰랐는데 나이가 든 지금은 오히려 눈으로 범하는 기쁨도 크다. 스스로 달빛이 되어 하얀 육체 속으로 스며들듯이.

뜨거운 시선이
그냥 기어다닌다.

아수라

사랑을 가꾸는 것도 어렵지만, 헤어지는 것도 어려운 것이려니. 사랑이 순조로울 때는 여신 같았던 여자도 헤어지자는 이야기가 나오는 순간 머리를 흐트러뜨린 아수라가 되는 것이려니. 자신이 그토록 무서운 여자가 되어있다는 것도 모르고 그만 악역을 자처하게 마련이려니. 인간의 머리에는 조종할 수 있는 부분이 잠재되어 있지 않을까? 애증의 상태에서 결국 허물어지는 것이려니.

죽음의 공포에서

말할 것도 없이 죽음은 인간에게 최대의 공포지만 여기에서 벗어날 수 있는 것은 사랑뿐이려니. 죽음을 예감하여 두려움에 떨고 있는 사람에게도 사랑이 주어진다면, 다소나마 마음이 차분해지고 평온해지는 것이려니.

죽음을 피할 수 없다 해도, 사랑하는 사람이 옆에 있어서 손을 잡아준다면 안심이 되고 편안해지려니. 유일하게 죽음에 대항할 수 있는 것은 사랑밖에 없으리니 사랑이야말로 일생을 걸고 추구하는 보석이려니.

인간은 죽을 때까지 사랑을 찾는 것이려니. 비록 얻을 수 없어도 사랑을 쫓아가고 바라고 있는 동안은 인간이며, 그것을 체념했을 때부터 인간이 아닌 것이려니. 진정한 사랑의 대상을 둔 자만이 행복한 마음으로 눈을 감으려니.

궁촌고개

궁촌산 산마루 정자에 앉아
청산을 굽어본다.
옹기종기 자리 잡은 촌락은
한 폭의 동양화다.
세월을 증언한 생명의 젖줄은
청산의 역사를 증언하고
그들의 희로애락을 녹여내느니.
"더도 덜도 말고 지금과 같아라."
돌아서는 발길을 따라
천 년 노송이 화답한다.
"청산이여, 그대 영원하라."

메밀꽃

언제까지 네 마음을 이리 돌릴까?

온갖 역경을 이겨내고
만개한 그 모습
누굴 보고
저리도 수줍을까.
동풍에
서풍에
이리 흔들 저리 흔들
눈 떠보면 그 자리,
내 마음에
그려진 하얀 치마
나를 이리로 또 오라 하네.

언제까지 내 발길을 이리 돌릴까?

그리움

세상의 모든 것을
다 얻는다 하여도
너를 얻지 못하면
무슨 소용 있으랴.
세상의 모든 것을 다 잃어도
너만 얻을 수 있다면
이 행복 이 기쁨 어디다 비기랴.
사람마다 양심은
옳고 그름을 판단하건만
사랑과 그리움에 눈이 멀어
이 길을 가리니.
뜨거운 심장에 흐르는
그리움은 한이 되어
이 생명과 함께 하리니.

가을이 오려나

가을이 오려나 매미가 통곡하고.
가을이 오려나 하늘이 멀어진다.

가을이 오려나 거실 창틀 베고 누우니
귀뚜라미 소리 내 마음을 허공에 띄운다.

가을이 오려나 전령사 코스모스
아침 저녁으로 옥구슬을 만든다.

우리 동네

지친 삶 움켜쥐고
모든 일을 세월에 맡긴다.

해질 무렵
오두막집 찾아들어
하늘 높이 피어오른 저녁연기
두 부부 오순도순
이 소문
저 소문
그칠 날 없어도
큰일 나면 돌아섰던 인심들
내일처럼 돌보는 사람들.

가슴 뜨거운 사람들이 사는
여기가 우리 동네다.

어설픈 시인

늦은 밤 잠을 못 이루고
무거운 두 눈썹 비비며
풀리지 않는 생각에
번뇌하며 골몰한다.

소주병 앞에 놓고
갖은 번뇌 엮어가며
해결책을 찾아본다.

대추나무 연 걸리듯
시작이고 끝이고 알 길 없고
엉겨가는 이 밤
날이 새면 풀리려나.

잠자는 아기

식당 안 시끌벅적
빈 그릇 치우는 소리에도
아기는 잘도 잔다.
파리 모기 달려들어 단잠 깨울라
비닛방울 텐트 치고
할머니는 오가며 예뻐라 죽겠네.
입술은 실룩실룩
가녀린 손가락 불끈 쥐고
어머니 젖 먹기가 힘들었나,
단잠에 빠졌네.
돌아보니 옛 모습 어디 가고
덕지덕지 묻은 때에
욕심만 가득히 산 것은 아닌지
아기 자라
어른 되면 그 모습 변치 말길
마음속에 빌어본다.

세 모녀 1

볕이 들지 않는 반지하 방에서
희망을 찾으려 몸부림쳤을 그분들,
희망이 꺼질 무렵
그들은 세상과 하직하였다.
넘치는 풍요 속에서
미안해 할 것은 우리가 아닌가.
그들이 남긴 메모에서
따뜻한 당신의 마음을 알았다.
세 구의 시신은 가난이 배어있는
살림살이와 함께 쓰레기처럼 치워지고
그리고 우리는 금방 그들을 잊는다.
더불어 살지 못함을 교훈으로 삼으며
삼가 고인의 명복을 빈다.
이승의 원망 툭툭 털어 버리고
착한 두 딸들이 그 곳에서
훌륭한 만화작가가 되기를 기원한다.

세 모녀 2

곰팡이균이 스물거리는 지하방에서 질기디 질긴 생명의 끈을 놓기로 하였던가. 진혼행진곡이 울릴 때 우리는 누군가와 유흥에 빠지고, 행복한 삶을 꿈꾸고, 하루가 막을 내리고 막이 오를 때, 생활고에 지친 세 모녀가 자살한다. 한쪽은 행복을 열어가고, 다른 한쪽은 죽음을 선택하고, 삶의 모순 앞에 나는 고민에 빠진다. 잠시 삶의 현실에 육신과 정신이 허우적거린다.

60년 세월

그날의 어린 형제는
구부러진 허리에 백발이 되었다.
무심한 세월은 주인을 잃은 채
지하 어둠 속에서 몸부림친다.
희망의 불빛을 기다린다.
꺼져가는 그들의 육신은 영원히 잠들고
기다리던 한은 미라로 가슴에 뭉쳤을라,
남은 자들은 오늘 전율하며 통곡한다.
인간이 욕망을 만들고 만들어내는
무슨 절차가 그리 복잡해
기다리다 오늘도 수없이 죽어간다.
위정자들아!
너의 피와 나의 피가 같을진대,
그 마음이 왜 이렇게 천길만길인가.

제2부

하나 되는 길

어머니의 추석빔

시장 가실 준비에
아침 일찍 서두르신다.
콩 한 말 자루에 담고
여러 날 모아둔 계란을 짚으로 엮어
한 꾸러미 만들고
검정고무신 몸빼 바지 걸치고
머리에 손에 한 짐이다.
싸리문 나서는 어머니의 뒷모습이 멀어진다.
수십 리 길
바쁜 걸음 마다않고 단숨에
당신 것은 멀리하고 잊은 채
동생 것 무지개 목양말
내 것은 나일론 양말
가족이 행복한 명태 한손
"느 아버지 어디 갔냐?"
이고 들고
아들 이름 부르며 마루에 내려놓는다.

희망

더 이상
나락으로 떨어질 곳이 없으니
있다면 희망뿐이네.
더 이상 가진 것이 없으니
가질 수 있는 것은
희망뿐이네.
육신과 정신이 건강하기를 비는
희망뿐이네.
주위에서 업신여겨도
내 마음은
아무런 걱정이 없네.
"너에게 무엇이 문제인가?"
행동으로 옮기는 게 중요하네.

옥계폭포

인간은 수만 번
오고 가건만
태고의 신비를 간직하며
인간의 발길을
이리로 돌리게 한다.
장엄한 그 모습
너를 있게 한 자가
누구란 말이냐
폭포수에 떨어지는
작은 물방울보다
더 작은 인간들은 돌아서며
마음속에
무엇을 담고 가는가.

기다림의 수채화

멀리 있어도 알 수 있는 것은
사랑하는 사람
둘만이 소유할 수 있는
마음입니다.
언제 만날지 몰라도
사랑이란
언제까지나
기다릴 수 있지요.
진실한 사랑이란
기다림도 괴로움도
가슴 아픈 즐거움입니다.

강선대

선녀는 어딜 가고
세월을 잊고 유유히 흐르는
저 물이 나를 불렀나.
노송은 말이 없고
듬직한 용바위는
선녀를 지키지 못 하였네.
무심한 세월이
애련하고 허무하도다.
굽이치고 휘도는 저 강물에
번뇌를 털어버리고
멀리 송호 솔밭 바라보니
흰구름 속 선녀가 다가오네.

적막한 불빛

칠흑 같은 어둠 속에
숨 쉬는 불빛.
주인공은 누구인가
여인인가
사내인가
외로움의 몸부림이
내 마음을 헝클어 놓는다.
마음에 날개 달아
그대 창문 엿보니
독서 삼매경에 빠져 있네.

깊어가는 가을

만산 홍엽은 짙어만 가는데
마지막 잎새만
남기려나.

틈새를 비집고 내리는
가을비
받쳐 든 우산 속 작은 공간.

그대와 둘이서
오색 융단의 카펫을 밟으며
오래도록 간직할
추억을 만들고 싶다.

어머니

앞모습이 안타까워
뒷모습 보며 가슴이 저몄네.
고인 눈물 쏟아질라,
어금니 물고 두 손 잡으니
손등은 석쇠가 묻은 듯 거칠고
손바닥은 쇳녹 지우는 샌드페퍼 같아
고인 눈물 뒤돌아 훔치네.
이런들 저런들
그 모습에 얼마나 남았을까.
"나, 열아홉에 느 아부지 만났다.
너는 스물에 낳고."
그 말씀 이명이 되어 떠나질 않네.
알 때나 모를 때나
행복한 날 있었을까
오늘도 어머니는 밭고랑에서
잡초를 걱정하시네.

아우야

아우가 앓고 있다.
둘이서 만들어 내려했던 열매가
익어가나 했더니
시들어가네.
꺼져가는 저 등불의 촉매제는 무엇일까?
그를 불러 가까이하려 하나
석양으로 멀어지네.
다시 한 번 내 진심을 전하니
두 주먹에 힘을 주고
땅을 한번 치어보게!
힘내어, 자 힘을 내어 일어서게!

성욕

네 발로 기는 짐승의
피가 흐르듯
내 속에 있는
맹수가 소리를 지른다.
안면몰수의 사랑스러움이
수식어로 포장되어
간교를 부리며
먹이 찾는 하이에나처럼
목말라 한다.

초록의 형제

산해진미 가득 차리고
권한 술에 취하고
너와 나 마주앉아
여명이 다하도록
일희일비(一喜一悲)하였으나
감은 눈 뜨고 보니
세월이 저만치 가고 있다.
이 일을 어찌할꼬?
되돌릴 수 없으니
지난날 너에게 담아 주었던 가슴속의 납덩이
춘설처럼 녹여내고 회한으로
우정이나 쌓아보세,
초록회의 형제들이여.

내 나이 가을

살짝 잠겨있는 내 마음 창틈으로
새빨간 단풍잎이
바람결에 속삭인다.
내 남은 삶을 물들이며 살라 한다.
한 발짝 다가가
꿈을 향해 다가선다.
혹독한 시련 이겨내고
누런색 이불 바꿔 덮듯
거역 말고 순응하며 살라 한다.
이 생각 이 다짐도
인간의 간사함이
아귀다툼 만들고
다시 후회하는 세월의 신비가
흰 눈으로 덮이겠네.

하나 되는 길

인연 찾아 강산 세 번 변해도
너의 길
나의 길
하나 되는 길
여기 지켜보고 증언하리니.

어찌 가랑잎이랴
조각된 배위에 둘이 서서
잡은 두 손
이 인연,
양보와 존중과 사랑으로 채우리.

찔레꽃 추억

그런 시절 있었지.
황량한 벌판에 아픔처럼 핀 흰 꽃
흐트러진 꽃 속을 살피어
맏형은 꺾어 허기를 채우고
아우는 꽃을 묶어 숨겼지.
그 속에 얼굴 묻으니 눈이 사르르
어머니 등에 매달린 어린 동생
찔레 꺾어 어깨너머 쥐어주니,
코를 훌쩍훌쩍거렸지.
처음 향기 오랜 세월,
추억의 저 편에 빛바랜 찔레꽃
너의 향연은 영원하련만
이 추억은 언제쯤 끝이 나려나.

중년의 향기

어깨에 닿을 듯 말 듯
연한 검정 머리,
오늘 유난히 찰랑이네.
어깨를 내려선 점선은
얼마나 숨었나,
신비에 싸였네.
하트 곡선은 신의 창조인가?
깊어지는 계곡에
흐를 듯 멈출 듯
생명의 습지에 피어난
두 송이 꽃
두 줄기 실개천 합쳐진 계곡
그 깊이 알 수 없고
양 산맥 주인은 누구인가.
가다듬어 보니 일장춘몽.

육년 간 머문 자리

너도 나와 같겠지.
그 시절 그리워 찾아가니
육 년간 머문 집
옆으로 기울고
잡초만 무성하네.
너를 처음 만난 날
고갯마루에서 내려다보며
가슴이 뛰고 흰 눈이 내렸지.
이곳이 내 마음의 고향인 줄
그때는 몰랐다.
가장자리 느티 고목만이
너와 내가 교우임을 증언하고.
느티 너도 사라지면
나도 가고
이 추억과 향수는
어디다 담아 놓을까.

송학사 산책길

숲에 묻혀 안 보이는 송학사
앞사람 뒤를 따라 가도
숨이 차니 중턱이네.
한 아름 가로수가
맞잡은 손 떼어놓는데
다시 안 잡을까 불안하네.
송학사 풍경소리
내 마음을 아는지
그의 마음 얻으려
바람결에 애원하네
긴 의자 둘이 앉아 가슴 떨리고
내 무슨 18세인가.
심장소리 쿵쿵
희망은 나의 자유이리니,
이 희망마저 가져가지 마오.

옛 나루터

세월을 안은 채 유유히 흐르는
저 강은 옛 모습 그대로
잡초가 우거진 이곳이 나루터네.

사공의 옛집은 잡초에 휘감겨
지붕만 희미하네.
강 건너에서 사공을 부르는 소리
밥상을 물리고
허겁지겁 노를 젔던 이곳이
동네방네 소문 통해 알던 곳,
애환을 뒤로한 채 거니네.

이제는 세월의 뒤안길에 묻히고
그때 그 시절 추억으로
이곳이 나루터라 가슴에 묻네.

갈대밭

이리저리 부는 바람
그려내는 은빛
융단 물결
그 속내
오솔길 숨어 있어서
임의 얼굴
다가오고 멀어지고
임과의 인연은
갈바람에 실리어
멀리 사라져 버리네.

암(癌)

세상을 깨우며
두 주먹 불끈 쥐고 태어난 지 60년
이것저것 빼고 나니
행복한 날 1년도 못 되어
나는 사형수인가?
나의 오판이 확인되는 순간
주변의 모든 생명체는 옥리로 변하네.
끝없는 나락으로 떨어지며
풀리지 않는 실타래처럼 답이 없는
삶의 전후에서
일찍이 무슨 일에 이처럼 고뇌를 했던가.
초대하지 않았건만 내 집에 들어와
자리 잡으니 삶의 한 조각이라 할까.
지금껏 그랬듯이 다시 한 번
희망의 끈 잡아보게.
이 끈이 끊기걸랑
운명이라 생각하고 훌훌 털어 버리게.

벚꽃

화사한 그 모습에
숨이 턱에 차니
내 마음 너처럼 하늘을 나네.

이별이 아쉬워
임 오시는 길목에
솔솔 뿌려 그 감동 주려나.

엄동의 백설인 줄
세상이 방해하며 지나네.

제3부

나는 누구인가

오월은

검푸른 파도인 줄 알았다.

들여다보니
꽃이 피고
새싹이 고개 들고
새소리 하모니에
행복감이 밀려오네.
우리의 마음도
오월(五月)처럼 키우며
부질없는 욕심을
부린다.

넘치는 사랑인 줄 알았다.

노동은

주위가 절벽에 막혀 있다.

세상만사가 연막에 싸여도
노동은 희망이다.
이제나 저제나 끝이겠지.
아니 새로운 시작
시작이 끝이요
끝이 시작이요
생과 평행선을 달리며
오늘은 저 끝에 닿으려나.
닿으면 끝이리니,
그대 반려자로 생각하고
연가를 부르며
육신이 병들어 누울 때
너와 이별하리라.

우리 노동은 희망의 싹이다.

봄비

소리 없이 내 마음에 찾아와
응어리를 녹이는 봄비.
세상의 모든 응어리를
다 안을 것 같은 마음,
한없이 넓어진다.
티 없이 맑은 여심이 대지를 감싸니
덕지덕지 묻은 악마를 씻어버리네.
봄비가 찾아와
나도 몰래 고개 번쩍 들어
얼굴에 내리는 너를 반기네.
내 마음에도 봄비가 내리네.

기다림

고산마루 저 바위 움직이나 했더니
상처가 깊을세라 천년 가도 그 자리
흐르는 세월을 따라 기다림도 행복인가.

대지를 싹 틔우는 춘풍이 불어와도
사랑도 그 바람에 실려 오나 했더니
춘설이 돌 같은 마음, 눈물처럼 녹이나.

〈시조〉

인생

무심히 잡지책을 뒤적이다
관심이 가는 것
그렇지 않은 것
가지런히 꽂혀 있는 책꽂이에
책을 흩뜨리며
이것저것 버림받게 되는 책들처럼
어느 날 갑자기
신이 나에게 찾아와
그대 곁에서
매몰차게 떼내어 데려간다 해도
버려진 책들처럼
구석에 숨지는 않을 겁니다.
어차피 삶이란
자신의 의지와는 상관없이
일방적으로 당해야하는 아픔이었음을
오래전에 이미 알았으니까.

공원묘지

북망산의 저 봉우리
잠든 지 언제인가

어미 손길 조팝 꽃잎
미소에 벙그는데

부르면 나타나려나
어리석은 저 진리.

〈시조〉

봄이 오는 소리

개울의 갯버들은 살짝살짝 눈을 뜨고
가지에 대롱대는 옥구슬 하모니에
서둘러 봄이 오라고 노래하는 저 마음.

가지마다 솜털 오른 갯버들 강아지는
오는 봄을 재촉하다 부풀어 터지겠다.
개울가 바쁜 농부만 밭고랑을 넘나든다.

〈시조〉

간직하고 사는 여자

사막의 오아시스처럼
산중 돌 사이 흐르는
물소리처럼
누군가 내 가슴에 돌을 던진다.
누구나 마음속에
사랑 하나 지니고 산다.
새콤달콤 과일과 같은 여자,
솜사탕 같은 여자,
청천 하늘의 별자리 같은 여자,
가는 길을 멈추고
고개를 돌리며 쳐다보는
그리움을 남기는 여자,
손가락 사이로
은빛 모래알 추억은 빠져나간다.
그래도 간직하고 싶은 여자는
내 가슴에 다시 남으리.

탐욕을 경계한다

가지고 있지 않은 것에
욕심내지 않았던가?

당신이 현재 소유한 것을
소중하게 생각하고
만일 그것조차 없었다면
이것을 얼마나 원했을 것인가를
생각해야 한다.

소유한 것에
지나치게 집착하여
소홀히 생각한 나머지
갖고 있는 것을 잃어버렸을 때
괴로워하지 말 일이다.

분노

원한과 분노 때문에
일그러진 얼굴은
상대에게 불쾌감만 줄 뿐이다.
나도 모르는 사이
아름다움은 멀어지고
내면의 파괴로
자살에 이르는 길이 되기도 한다.
보잘것없이 미련한
나만의 힘으로
사회의 부조화를 어찌할 것인가?
흐르는 시간과 공간 속에
묻혀 버려도
작은 희망의 불씨는 꺼지지 않고
조금씩 정으로 바뀌나니,
희망의 끈을 놓지 말 일이다.

속물인간

나는 조그마한 이익에
좋아하는 속물인가?

세상의 모든 인간은
자기에게
이롭다고 생각하는 것을
탐하지 말 일이다.

다른 사람으로부터
도움을 받으면
그 도움을 남에게 베푸는 일도
인색하지 말 일이다.

60년을 넘기며

이것이 그것이 잘한 일이라 지금껏 살지 않았던가? 왜 그리 변화를 두려워하는 것인가? 어리석어 몰랐던 것인가? 변화 없이 무슨 일이 이루어질 수 있겠는가?

반세기가 지난 지금에야 장작이 숯으로 변하는 과정이 물을 데운다는 변화를 두려워하지 말자. 회상하니 얼마나 세월과 시간에 맡기어 놓고 자신의 관리에 무관심했나. 한 치의 앞날에 적응할 준비를 하지 않았으니 지금의 위치가 정답이다. 나머지 인생 희망의 끈을 놓지 않으려 두 주먹에 힘을 주어본다.

길

나의 의지와 무관하게 선택된 길
그러나 거역할 수 없는 길.

종점이 있는 듯 없는 듯
알 수 없는 길
어제도 오늘도 내일도
그 길을 향해 간다.

한번 얻은 인생이기에
힘에 겹고 불행해도
허기져 벌린 입에 꿀 한 방울 떨어질까,
나는 오늘도 이 길을 간다.

허공의 시간

살아가다 한 번쯤
기억되는 사람으로 살자.

먼 길을 걸어 닿을 곳 없어도
보고 싶어도 잊은 듯
그렇게 마음이 젖은 자리
이해하며 살자.

돌아오는 시간은
언제나 지나간 세월의 뒤,
지평선 끝이 어딘지 모르는 듯
아쉬운 이별 끝이
새로운 만남의 시작이듯
모른 척 그저 접어두고 살자.

기억나지 않는 사람

언제 쌓았던 사랑인가?
기억도 없다.
힘 빠져 누웠다 생각난
지난날의 기억,
가버린 세월을 묶어
힘껏 멀리 던진다.
그와의 사랑은 끝났다.
철없는 한때 일이라 생각하며
포승으로 묶어
수만 길 낭떠러지에 떨구고 싶다.
지나간 사랑은
묵은 때처럼
훌훌 벗겨
우주의 공간에 날려버린다.

나는 누구인가

누구인가 움직이는 곳마다
그림자처럼
나와 함께 걷고 있다.

머리 돌려 잊으려 해도
내 속에 누군가 숨어 있다.

도대체 나는 어디서 왔는가?
내가 살아온 곳은 어디인가?
언제부터인가 생각하기 시작했다.

나는 어디로 돌아갈 것인가?
갈 곳이 없다고 생각하니
바로 그 곳이
몇 겹으로 싸여있음을 알겠네.

아리랑

아리랑 그 고개 너와 함께 넘던 고개
추억을 쌓으며 넘던 고개.

이제는 나만 혼자 넘네.
지나간 세월에 잊었을까?
그 추억 새기며 나 몰래 넘었을까?

인간의 이기와 어리석음이
추억의 고개를 파괴하고
그와의 추억도 묻어 버렸네.

혹여 나에게 천운이 온다면
고개 정상에서 다시 만날 수 있으리니.

외가로 가는 길

외가로 가는 길
저 고개는 의구한데
무심한 세월이 산천을 옮겼나.
산중의 오솔길은
아람의 나무에 묻히고
등하교 미역 감던 각시 둠벙
온데 간데 없어졌네.
마루산 저 바위만
50년 전 외가 갔던 길 안내하며
표정 없이 반긴다.
백발의 외할머니 밭둑에 앉아
삼베 보자기에 싼
보리 찬 밥 내밀며
밭고랑 같던 주름 환하게
웃는 모습 언제나 지울까.

외할머니

유난히 머리가 하얗던 외할머니.
외손자 왔다며 주실 게 없었던지
다래끼 어깨에 메고 대북재 넘어
감 홍시 주워 내놓으시며
엉덩이를 두드리던 외할머니.
손자가 철이 들 무렵 돌아가시니
구들이 깨질세라 통곡하였으나
30년이 지난 지금도 뵐 길이 없네.
외할머니! 편안히 잠드소서!

성난 아내

58년 새싹은 다 자라
열매를 맺는다.
고목의 운치는 어디로 가고
검게 변한 그의 표정
악마와 천사가 공존한다.
악마와 천사는 하루에도 여러 번
나를 혼란시킨다.
눈썹은 꺾이고
눈에는 살기가 돈다.
봉숭아 꽃잎처럼
연분홍 입술은 파랗게 변하고
입술을 깨물고 악을 쓴다.
봄날의 아지랑이 같던 고운 마음은
마술처럼 사라지고
아수라로 변한 그의 모습,
그 책임이 나에게 있다고 하네.
남의 일로 알았는데

모든 잘못을 내가 접으면서
그대 곁을 떠나려 한다.
백년해로 인연이
이처럼 어려운가.
인연은 여기에서 접고
건강하고 행복한 길 있다면
마음속에 그 길 방해하지 않겠네.

그리운 음식

소 죽 끓인 불에
고구마 감자 구워 먹고
어머니 홍두깨로 밀어 국수 만들면
마지막 국수 꽁댕이 구워 먹고
가마솥 밥솥에 보자기 펴고
어머니가 찌어준 개떡 그 맛
동태 한 마리 물은 열 바가지
그 동탯국 맛
하얀 쌀밥 양념간장에 비벼먹는다.
점심 도시락 내 것은
보리밥 무장아찌
그 중의 한 아이 계란 프라이
왜 그리 먹고 싶던지
50년 전 외할아버지와 피부병에 좋다며
유성온천에서 처음 먹어 본 찐 계란
지금도 잊지 못한다.
추석 명절에 동네에서 사온 돼지고기

부엌의 기둥에 걸어 놓고
조금씩 끊어서 둥둥 맛보던
그 돼지고기 국맛
작은 아버지와 처음 먹어 본 탕수육
그것이 무엇인지 몰랐는데
작은 어머니가 입에 넣어줘 먹어본
탕수육 그 맛
아직도 잊을 수가 없다.
그리고 김치가 아닌 짐치,
잘게 썰어 고추장에 비벼
겨울에 밤참으로 먹던 맛
지금도 잊을 수가 없다.
지금 이 풍요 속에서도
그때 그 시절 그 맛이 그리우니
음식의 소중함은 쪼르륵
소리가 나봐야 아는 모양이다.

눈 오는 날

눈 오는 날 강아지는
자기 꼬리 물려고
돌고
또 돌고

아이들은 하늘 보며
입을 벌려 눈을 맞고
나는 뭉친 눈
누나의 목 뒤에 집어넣는다.

눈을 굴려 눈사람 만들어
숯으로 눈썹 만들고
하루 종일 놀다가
집으로 가는 것도 잊은 채
날이 저물고
어머니한테 혼날 걱정에
낯빛이 변한다.

추억과 낭만도 희미해져

이제는 위험하고

또 불편하고

고립된 할아버지 할머니가 되어

시린 어깨로 겨울을 난다.

겨울비 내리는 깊은 밤

칠흑 같던 어둠을 타고
창문 너머로 들리는
추적추적 비 내리는 소리.
어제 덮인 하얀 이불
오늘 밤 이 비에 걷히겠네.
시작되나 했더니
입춘이 지나고
대지를 적시는 밤비 우는 소리가
게으른 내 마음에
돌을 던져 깨운다.
잠든 아내 방문을 여니
코를 골고 단잠에 취해 있고
아내 모습은 칠흑 같던 어둠만큼
내 마음도 어둡고 무겁다
뒤안길에서 이 밤을 세어보니
지난 세월 덧없이 보냈네.

제4부

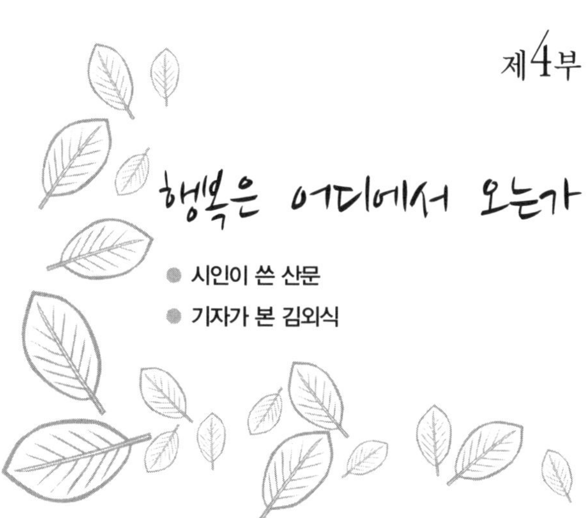

행복은 어디에서 오는가

- 시인이 쓴 산문
- 기자가 본 김외식

삶은 이런 것인가

세상에서 제일 무서운 것은 무엇인가.

사자, 호랑이, 코브라, 뱀이 있지만 인도에서는 제일 무서운 것을 코끼리라고 한다. 코끼리는 화가 나면 주위 환경에 관계없이 무조건 앞으로 돌진하는 것이다.

한 농부가 화난 코끼리한테 쫓기다 큰 웅덩이를 발견하고 이제는 살았다 했는데 웅덩이로 내려갈 줄이 없어 살피다 칡넝쿨이 늘어져 있는 것을 발견하고 이것을 잡고 내려가는데, 옆을 보니 독사가 혀를 날름거리고, 바닥을 보니 거기도 독사가 우글거리고, 이러지도 저러지도 못하고 있는데 이때 쥐새끼가 칡넝쿨을 갉아먹는다. 칡넝쿨이 끊어져 바닥에 떨어지면 끝이다.

기진맥진한 채 체념하고 매달려 있을 때 머리 위의 벌집에서 꿀 한 방울이 입안으로 떨어진다. 그 단맛에 입술을 빨며 침을 삼킨다. 이것도 잠시 쥐새끼는 칡을 갉고 끊어지기 일보 직전! 이때 꿀 한 방울이 입술에 또 떨어져 혀를 날름거리며 살았다 생각하고 침을 삼키는데 칡넝쿨이 끊어져 바닥으로 떨어지니, 인도의 속담처럼 우리의 삶도 이런 것이 아닌가.

* 톨스토이의 우화에도 비슷한 내용이 나옴.

불판을 갈아야 할 때인가

돼지고기 중 삼겹살은 그 어느 부위보다 맛이 일품이다. 특히 서민들이 즐겨 찾는 음식이면서 시장할 때 불판에 구워 소주 한 잔에 곁들이면 그 맛과 행복감은 어떠한 형용사로도 표현해 내기가 어려울 정도이다. 이렇게 감칠맛 나는 삼겹살도 한 불판에 오래 굽는다면 기름 찌꺼기와 여러 가지 부산물이 엉겨 붙어 맛이 줄어든다.

계속 구우면 이것이 삼겹살인지 숯덩이인지 알 수 없게 된다. 이때 불판을 갈아주면 본연의 삼겹살 맛을 찾게 된다. 우리의 일상생활에서도 이와 유사한 일을 자주 보거나 느끼며 생활하는 것이 보통 우리들의 삶이다.

가정에서는 계절이 바뀌었을 때 가재도구의 위치를 변경하면 새로운 느낌을 주기도 한다. 이렇듯이 매사에 적당한 시간과 때가 있고, 적재적소에 자리를 찾거나 바꾸어 주어야 생활의 활력이 생기면서 기대감과 청량감이 생긴다.

이는 우리 지역 기초의원들에게도 예외는 아닌가 싶다. 10년이 넘는 불판, 계속 삼겹살을 구우면 아무리 기술적으로 잘 구워도 삼겹살이 숯덩이로 변하는 모양과 같다.

10월 8일자 '옥천신문' 1년 톱기사를 보신 분이라면, 이와 같은 느낌을 받았을 것이다. 이들 일행은 국민의 세금으로 멀리 포항까지 찾아간 연수교육 자리에서 염불에는 마음이 없고 잿밥에만 신경을 쓰다가, 내 지역 네 지역 아주 저급하고 치졸한 이해관계가 대립되어 말다툼을 벌이고, 고소, 고발까지 운운하며 군민들을 실망시켰다.

또한 그들은 3년 전 민원인과 원만한 민원 상담을 위하여 의원 개개인의 사무실이 필요하다며 예산을 낭비한 적이 있다.

당시 군민들 반응은 '무슨 비밀 이야기를 할 것이 있어 개인 사무실이 필요하냐?' '다음 선거 때 두고 보자.'는 반응이 대체적인 여론이었음을 상기할 때, 포항 연수 교육의 추태는 삼겹살의 불판을 갈아야 할 때가 아닌가, 군민들은 생각할 것이다.

바라건대 염불을 열심히 하면 잿밥을 누가 가져가겠는가? 초심을 잃지 말고 임기를 다하는 날까지 최선을 다한다면 군민들을 그를 군 의회에 재입성을 시킬 것이고, 그렇지 않고 지방 선거에만 신경을 쓴다면 군민들은 그들을 낙선시킬 것이다.

행복은 어디에서 오는가

우리 속담에 아흔아홉 섬 가진 자가 한 섬 가진 자에게, "한 섬은 있으나 마나 하니, 내가 백 섬 채우게 내 놓아라." 라는 말이 있다.

한 섬마저 가져다 백 섬을 채운 자는 과연 만족하고 행복했을까? 아니면 한 섬 가진 자에게 마흔아홉 섬을 돌려주어 같이 오십 섬씩 나누었다면 어떠했을까? 인간의 욕망이 끝이 없고 한이 없음을 말하는 것일 것이다. 예나 지금이나 우리 인간의 이기심에는 방법이 달라졌을 뿐이지 조금도 변하지 않는 것 같다.

인간들은 그 욕심을 채우기 위하여 혈안이 되어 행복을 추구하고 있다. 그리고 현대인들은 행복을 돈으로 해결할 수 있다고 믿는다. 키가 작은 사람은 키를 키우고 얼굴을 수술하여 예쁘게 만들고, 좋은 옷 사 입고, 악세사리를 몸에 걸치고 폼을 내며, 행복한 척 남에게 보이기 위하여 사는 것이 아닌가.

그것은 행복은커녕 욕심의 군상이 덕지덕지 묻어 부패하여 사람들은 그를 기피한다. 그렇다면 행복은 어디에서 오는가? 별나라, 달나라, 그렇게 멀리 있지 않다. 그렇게 멀리 있어서 힘든 것이 아니다. 바로 내 가슴속에 있는 것을 발견하지 못할 뿐이다. 나만 행복할 것이 아니고, 나도 행복하고 너도 행복하고, 자신의 욕심을 줄이면 어떨까.

다 가지려 할 때 자신도 불행하고 상대도 불행하게 만든다. 일찍이 철학자 플라톤은 인간들에게 욕심이 한없음을 알고 '이쯤이면 행복인 줄 알고 살아라.' 가이드라인을 정한 바 있다.

1. 먹고, 입고, 살고 싶은 수준에서 조금 부족한 듯한 재산
1. 모든 사람이 칭찬하기에 조금 부족한 용모
1. 자신이 자만하고 있는 것에서 사람들이 절반 정도밖에 알아주지 않는 명예
1. 겨루어서 한 사람은 이기고 두 사람에게 질 정도의 체력
1. 연설을 듣고 청중의 절반은 손뼉을 치지 않는 말솜씨

이 외에도 모든 일에 절반의 이룸과 성공을 행복으로 알고 살면 그나마 모두가 행복할 수 있다고 믿는 것이다. 그가 생각하는 행복의 조건들은 완벽하고 만족할 만한 것들이 아니다. 조금은 부족하고 모자란 상태다. 재산이든 외모이든 명예든 모자람이 없는 완벽한 상태에 있으면 바로 그것 때문에 근심과 긴장과 불안과 불행이 교차하는 생활을 하게 될 것이다. 적당히 모자란 가운데 그 부족한 부분을 채우기 위하여 노력하는 나날의 삶 속에서 나만이 아니고 너와 함께 할 때 행복이 있다고 플라톤은 생각했던 것 같다.

행복은 바로 마음속에 있으므로 누구든지 발견하면 된다. 어리석게도 수만 리 떨어진 곳에 있는 듯 거기에서 찾으려고 하니 나만이 온갖 불행을 다 가지고 있는 것 같고 절대 손에 잡히지 않는다. 주변에서 나로 인하여 상대가 기분이 좋고 즐거워하면 나도 같이 즐겁고 행복하지 않는가? 행복은 바로 내가 만드는 것이지, 절대로 어디에서 오거나 누가 주는 것이 아니다.

역시 유전무죄 무전유죄

통계에 의하면 우리 국민의 80% 이상이 가진 자와 그렇지 못한 자가 죄의 경중에 연관이 있다고 믿는다. 수십 년 가까이 회자되고 있는 말은 '유전무죄' '무전유죄' 이 말에 대하여 그렇다고 믿는 것이다.

이 말은 강제철거 반대 시위를 하면서 그 과정에서 동생을 잃고 7년의 징역형, 보호감호 10년을 선고받은 '지강훈'이라는 자가 탈옥하여 검거되는 과정에서 돈이 없어 억울하게 옥살이를 한다며 한 말이다.

만약 필자가 민·형사상 큰 죄를 지었다고 하면 할아버지, 아버지, 필자 3대에 걸쳐 100여 년 농사를 짓고 살았으니 농업 발전에 이바지한 공이 크다고 죄를 면하거나 반감해 줄 리 없다. 우리 사회에서는 고무줄 같은 법을 빗대어 '코에 걸면 코걸이' '귀에 걸면 귀걸이'라는 말이 있다.

국가 체제나 사회의 질서 유지를 위하여 윤리와 도덕으로 제어할 수 없을 때, 마지막 보루이며 국가의 권력인 강제성에 누구나 복종해야 하며, 동시에 그 적용 또한 어떠한 신분에 차등이 있어서는 안 된다. 작금의 재벌 총수 형량을 보면, 국민의 법 감정 통계대로 크게 틀리지 않은 것 같다.

법치 국가에서 사법부의 판결에 대하여 맞느니 틀리느니 하는 것은 어불성설이다. 그러나 국민들의 법 감정은 아무리 사법부의 판단을 존중한다 해도 일반 국민들과의 형평성에 차이가 크다는 것을 알 수 있다.

그들은 어찌하여 그렇게도 당당하고 건강하던 자들이 문제가 되어 출입문만 들어서면 휠체어에 양팔을 부축하고, 링거병을 달고, 속이 뻔히 들여다보이는 꼴불견 모습을 보여 주는가! 자신들의 회사 근로자가 잘못하여 처벌을 받는다면 회사 발전에 기여한 공이 크므로 죄를 경감하여 처벌할 수 있도록 노력할 수 있는가 묻고 싶다.

요즈음 추세를 보면 근로자에게 파업으로 인한 손해배상 책임을 지우고 있다. 법은 있는 자를 위한 법인가. 약자에게는 추상같고, 권력과 재벌에게는 관대하고, 더 나아가 면죄부를 주고 살아난 자들은 아무 일도 없었던 것처럼, 경력과 스펙으로 생각하는지, 요즘 우리 주변에서도 거기에 줄을 대며 가관인 경우를 본다.

로마 신화에 나오는 정의의 여신은 안대로 눈을 가리고 한 손에는 저울을 다른 한 손에는 칼을 들고 있다. 저울은 공정을 뜻하고 칼은 엄격한 법의 집행을 의미할 것인데, 안대로 눈을 가린 것은 보지 말고 엄격히 정해진 대로 판결하여야 된다는 의미 아닌가?

일반 다수의 국민들은 이러한 법을 믿고 힘이 없고 돈이 없고 권력이 없어도 법이 나를 보호해 준다는 믿음 때문에 안심하고 마음 놓고 사회생활에 생업에 종사할 수 있는 것이다.

물론 법도 사람이 운용하는 것이므로 어찌 법의 여신상 저울처럼 정확하게 할 수 있겠는가?

하지만 법 집행이 국민들로부터 불신을 받아 사법 정의가 무너진다면 간단한 문제가 아니다. 사회적으로 여러 가지 부작용의 원인이 된다는 것을 알아야 한다. 분명 법은 사회적 약자에게 마지막 믿음의 보루이어야 하고, 추상같되 약자의 보호막이 되어야 한다.

철새

계절의 변화에 따라 찾아오는 철새는 대자연의 신비로움과 우리들에게 새로운 볼거리를 제공한다. 철새는 어떠한 느낌으로 그곳에 가야 내가 살길이라고 알았을까? 수만 리 죽음을 무릅쓰고 찾아온 수고에 비하여 잠시 머물다가 다시 떠나는가?

우리 인간도 이익의 유불리에 따라 그때그때 바꾸는 것도 자연의 이치와 같다고 이해를 해야 하는가? 무엇이 옳은 것이고 그른 것인지 판단하기 어렵다. 특히 정치인에게는 이 문제가 상황 변화에 따라 어떻게 처신해야 하는지, 여간 곤혹스러운 문제가 아니라 짐작된다.

그러나 분명한 것은 사계절에 따라 찾아다니는 철새가 아니라는 것이다. 흔히들 정치에는 영원한 적도 영원한 친구도 없다고 하며, 그리스 신 야누스에 비유하기도 한다. 이를 입증하는 일들이 최근 지방선거를 앞두고 지역 정가에서 벌어지고 있다.

신의와 도덕적 가치로 돌아가야 하는 문화를 사회가 만들어내고, 안착시켜야 하는 일차적인 책임이 정치인들에게 있다고 볼 때, 사회 구성원들에게 모범적인 행동이라고 볼 수 없다.

표면적인 이유는 재정자립도가 낮은 우리 군에서 지역의 발전을 위하여 불가피한 선택이라고 하지만 쉽게 납득하기 어렵다. 재정자립도가 낮은 것은 전국적인 현상이며, 이는 어제오늘의 일이 아니다. 지역 발전과 군민의 복리증진을 위하여 어려운 것이 이유라면 '임기 초기에 이런 결정을 하였더라면 어땠을까?'하는 생각이 든다.

만에 하나 선거를 코앞에 두고 당락의 이해득실을 따진 결정이라면 개인의 문제는 제쳐두고 군민의 허탈함과 실망감에 인간적 배신감과 또한 왠지 연민의 감정을 느끼게 한다. 흔히들 정치인들이 기존 노선에서 노선을 바꿀 때에는 정치는 생물이니 충분히, 당연히 그럴 수 있다고 자기합리화를 시킨다. 여당의 한 중진의원은 6선을 하면서 노선을 16번 바꾼 의원도 있다. 그렇다면 그 정치인의 당선을 도운 유권자는 어떻게 이해해야 되는가? 그 유권자에, 그 정치인이 나온다는 공식인가?

이익에 따라, 당락의 기능에 따라, 왔다갔다하는 정치인들을 보면 한 가지 공통점을 볼 수 있다. 사전에 예비 언행으로 유권자로 하여금 "이렇게 해야 돼! 그래야만 우리 지역에 우리에게 도움이 되지." 우민화(愚民化)를 시킨다는 것이다. 그런 다음 적절한 시기에 타이밍을 맞추어 요란을 떨며 발표한다. 그리고 새로운 인물인 양 가면을 쓰고 유권자 앞에 나타나 나를 선택해야 살 수 있다고 진정성 없는 말로 유권자를 현혹한다.

이제 6.4 지방선거가 코앞으로 다가왔다. 우리 지역의 정치는 지역실정에 맞는 공동사회 내의 군민을 통합하고 개인과 공동의 이익을 보장하는 것이므로, 어느 인물이 문제 해결에 가장 적합한 인물인지 깊이 생각하여 소중한 한 표를 행사할 때, 지역 발전과 군민의 복리증진에 적합한 인물이 선출될 것이다.

이원묘목축제, 이렇게 하자

우리 고장에서 유실수 묘목을 생산하기 시작한 지가 반세기를 넘어 한 세기가 다가오고 있다. 이렇게 오랜 세월 동안 이어오고 앞으로도 계속 이어가리라 믿는 것은 흔치 않은 토질 성분과 지리적으로 좋은 위치라는 강점이 있기 때문으로 보인다.

토질의 성분은 사질 양토로, 물 빠짐이 좋아 뿌리 발육이 충실하여 묘목 생산에 최고의 적지로 널리 알려져 있다. 지리적으로 이원묘목은 북부 지방이든 남부 지방이든 적응력이 뛰어나 나무가 잘 자라는 것으로 알려져 있다.

이렇게 천혜의 좋은 조건을 가지고 있어 묘목 1·2·3차 산업까지도 고루 발전하여 전국에서 우위를 점하고 있다. 이밖에 몇 년 전부터는 조경수, 관상수, 경제림(林) 등 다양한 품종들의 생산과 유통량 범위가 급속이 확대되는 추세다. 그야말로 묘목 생산·유통의 메카라고 볼 수 있으며, 그로 인하여 지역 주민의 소득에 높은 비중을 차지하고 있다.

이렇게 발전하는 가운데 정부로부터 묘목 산업의 특구로 지정받아 많은 지원과 지도를 받고 있으나 자체적으로 적정한 활용도를 찾지 못하여 소기의 목적을 이루지 못하고 있는 게 현실이다. 즉 양적으로 팽창하지만 그 속에서 발견되는 문제점들을 해결하는 우리의 대처 방법을 찾기가 쉽지 않은 것이다.

수요와 공급이 맞지 않는 무분별한 생산증가로 가격의 불균형, 체계적이고 과학적인 마케팅 전략 없이 주먹구구식으로 판매하는 데서 오는 천차만별의 가격차와 그에 대한 소비자의 불만이 심심찮게 발생하고 있다.

하지만 이 모든 문제를 넘어 가장 중요한 것은 바로 이원묘목을 이끌고 있는 옥천이원묘목영농조합법인 회원 상호간의 믿음과 신뢰가 아닐까 생각한다. 특히, 법인 경영을 맡고 있는 운영진은 이 점을 유의하여 투명한 경영을 게으르게 하면 안 된다.

옥천이원묘목영농조합법인은 올해로 12회를 맞는 묘목축제(3월 19일~21일)를 눈앞에 두고 고민이 많다. 강산이 한 번 변하고도 남는 세월이 흘렀지만 묘목농가의 자발적 힘으로 이루어지는 전국적 축제로 가는 길은 요원하기만 하다.

지역 주민의 무관심, 소득과 연결되지 못하는 점, 문화가 녹아 있는 볼거리의 부재, 흔하지는 않으나 바가지 상술 등, 이밖에도 문제점은 많으나 일거에 해결 방법이 모색되기는 힘들어 보인다.

축제는 잔치니 만큼 지역 주민의 참여를 적극 유도하여 소외되는 주민이 없도록 관심을 기울이고 오시는 손님에게는 우리 문화가 서려 있는 볼거리를 개발하여 집으로 돌아가신 후에도 오래도록 다시 찾고 싶은 마음과 추억이 남도록 해야 할 것이다.

축제를 주관하는 당사자들은 이와 같은 문제점을 고려하여 조그만 이해관계에 집착하지 말고, 생산—유통—소비로 연결되어 있는 여러 과정에서 상생할 수 있는 방법이 무엇인지 고민해 주길 바란다.

조경수의 생산과 수요의 전망

'조경의 역사는 인류가 정주 생활을 시작한 원시시대부터 시작되었다.' 이렇게 봐도 무리는 없겠다. 초기에는 왕 또는 귀족 계급의 궁전과 저택정원을 중심으로 발전하였다. 이렇게 추측이 가능하다.

조경의 역사적 흔적이 그것을 증명하고 있다. 일반 백성들도 집을 지어놓고 경계에 돌을 쌓는다든지, 집을 지어놓고 경계에 돌을 쌓는다든지, 이런 것도 일종의 조경이라고 볼 수 있다.

이렇게 볼 때 조경은 인류의 역사가 시작된 이래 떼려야 뗄 수 없는 불가분의 관계이고, 앞으로도 지구상에 인류가 존재하는 한 조경은 필연적일 수밖에 없다고 전망할 수 있다.

그리고 산업혁명 이후 급속도로 도시화가 진행되면서 환경파괴 문제가 새롭게 대두됐고, 이때부터 도시 내에 녹지 또는 자연경관을 조성하고자 하는 노력이 일기 시작했다. 그러나 조경은 종합과학 예술인만큼 누구나 할 수 있는 일은 아니다. 이런 필요에 의해 미국의 하버드 대학에 세계 최초로 조경학과가 생겼다.

1900년, 약 110년 전 일이다. 그러나 우리나라에서는 1970년도에 처음 조경이라는 말을 사용하게 된다. 그러다 1973년도에 서울대와 영남대에 처음으로 조경학과가 신설된다. 역사가 미국에 비해서 짧다.

미국과 우리나라의 조경 형태를 보면 미국은 영토가 넓어서 그런지 지피식물을 이용한 교목 중심의 도시녹지공간과 개인 정원을 볼 수 있다. 여기에서 차이점은 지피식물과 교목을 중심으로 이루어진 조경 시설물은 자연과 잘 어울리면서 한눈에 봐도 구분하기가 어렵다는 느낌을 주고, 관목을 중심으로 이루어진 조경시설물은 사람이 인위적으로 만들었다는 것이 육안으로 봐도 확연히 알 수 있다.

최근 수년 전부터 우리나라도 교목을 많이 사용하는 추세로 가고 있다. 그 예로 소나무, 느티나무, 은행나무, 이팝나무, 잣나무 등을 많이 활용한다. 이외에도 많은 교목이 쓰이고 있는 추세라고 할 수 있다. 그러나 문제가 없는 것은 아니다. 관상가치가 높은 교목을 생산하려면 최하 5년, 10년, 20년 조경수로써 그 가치를 인정받으려면 긴 세월을 요구한다. 여기에 많은 생산자들의 어려운 점이 있다.

넓은 토지가 필요하고 수년 간 생산과 수요의 불균형으로 가격의 폭락과 폭등으로 이어져 이점 또한 여간 어려운 일이 아니다. 생산 농가에서는 이점을 고려하여 교목이든 관목이든 관상가치가 높은 조경수를 생산하면, 그 수요는 앞으로 계속 늘어날 것이라고 전망할 수 있다.

그러나 간과해서는 안 되는 일도 있다. 5년이나 10년을 주기로 한두 수종씩 과잉생산으로 인하여 가격이 폭락하는 경우도 우리 주위에서 흔히 볼 수 있는 일이다. 그러나 큰 맥락에서 각종 국책사업과 경제개발, 개인의 생활이 윤택해짐에 따라 관상가치가 높은 교목 조경수는 고가를 유지하면서 그 수요가 계속 증가할 것이다.

조경 전문가나 관심이 있는 사람들은 하나같이 이렇게 전망하고 있다. 위에서 말한 대로 관상가치가 높은 교목 조경수를 생산하려면 많은 어려움이 있는데, 이런 문제를 잘 극복하면 재미있고 보람 있는 사업이 될 것이다.

냉정한 판단으로 소중한 한 표를

후보자의 난립과 유권자의 무관심이 더해져 누가 어떤 후보자인지 알 수 없다. 정책이나 공약을 비교·분석하여 투표하기도 쉽지 않아 보인다. 후보자를 알리는 시간이 짧기 때문에 선거운동 기간은 신들린 굿판과 같다.

대한민국 국민은 법률에 의하지 아니하고는 피선거권을 갖는다고 명시되어 있는 만큼 후보자가 아무리 난립하여도 아무도 제재할 수 없다.

하지만 후보자의 난립으로 유권자는 누가 어느 후보인지 알기가 쉽지 않으며 이러한 와중에 후보자는 물론이고 운동원들도 이성을 잃은 듯 동분서주하는 기이한 모습도 목격할 수 있다.

한 결혼식장에 축하 하객보다 후보자와 운동원이 더 많으며, 그들은 연신 머리를 조아리며 한 표를 부탁한다. 그 하객들은 우리 지역구 주민인지 아닌지도 알 수 없다. 마치 사극에서 내시의 역할을 보는 듯한 느낌을 지울 수 없으며, 부탁을 받는 쪽에서는 민망스러울 정도로 행동하는 운동원을 쉽게 볼 수 있다.

이런 방법은 아니지 않는가? 후보자가 평소 어떤 생각으로 살았는지, 정책이나 공약이 있다면 실천 가능한지, 의정활동은 어떻게 하겠다는 건지 등을 비교하여 후보자를 선택해야 하는데 그 자료를 얻기가 쉽지 않다.

자료의 부재 속에서 선거일이 닥치면 대부분의 유권자는 혈연, 지연, 학연에 맞추어 투표를 하게 되는 경향이 있다. 이렇게 선출된 의원들은 집행부에 대한 견제 및 감독을 제대로 할 수 없게 된다. 자치단체장과 누이 좋고 매부 좋고 하는 식의 의정활동이 되다 보니 오늘날 우리 군민은 자존심에 깊은 상처를 입게 되는 결과를 맞았다.

이번 선거만큼은 주인으로서 내가 써먹을 일꾼을 뽑는데 냉정히 분석하여 현직 군수 구속과 같은 전철을 밟지 않도록 해야 한다. 물론, 첫째 책임은 당사자의 도덕적 해이와 불감증에서 찾을 수 있다. 의원들도 직무유기에서 자유로울 수 없다. 그렇다고 유권자들은 여기에서 자유로울 수 있는가. 아니다. 그들을 다 우리 손으로 뽑았기 때문이다. 누구보다도 유권자의 책임이 크다고 할 수 있다.

이렇게 볼 때 우리의 한 표 한 표가 얼마나 중요한지 간과해서는 안 된다. 후보자들의 현란한 말에 현혹되지 말고 냉정히 판단하여 그들로 하여금 군민을 위하여 봉사하고 복지 증진에 노력할 수 있도록 한 표를 행사해야 한다.

한 순간 판단을 잘못하면 4년을 기다리거나 포기하게 된다.

지방자치 반세기

지방자치란 무엇인가? 말 그대로 우리가 살아나가는데 필요한 모든 문제를 중앙 정부의 도움 없이 스스로 해결해 나가는 것이라 말해도 틀린 대답은 아닐 것이다.

우리나라는 이밖에도 지방마다 다양한 특색을 갖고 있어 그 지역에 맞게 자치단체가 중심이 되어 그 지역 주민이 지역적 사무를 자신의 책임 하에 민주적으로 운영하는 제도라 할 수 있다. 그러나 불행하게도 역사에 비하여 아직도 답보상태이다.

몇 가지 문제점을 들어보면, 자치 입법권을 헌법으로 보장하고 있지만 그 범위가 아주 제한적이다. 최하위 법인 조례나 규칙을 정하는 정도이다. 중앙행정기관이나 시도지사는 자치단체에 감독 감시를 하기 위해 권고 지도 또는 자료 제출요구를 할 수 있어, 단체장이 임의로 할 수 있는 일이 또한 제한적이다.

그리고 지방자치에서 가장 중요한 세수확보는 국세법에 의하여 지방세로 전환하여도 충분한 세목을 묶어놓고 있으며, 오히려 최근에는 지방세를 국세로 전환하여 어려운 재정을 가중시키고 있다.

제도는 좋은 제도인데 수십 년 역사에도 나아지지 않은 이유가 무엇인가? 여러 가지 이유가 있겠지만 지방자치 역사에서, 정권을 잡은 권력자들에게서 찾을 수 있다.

지방자치법 제정은 제헌 국회에서 만들어져 공포되었으나 당시에는 대통령을 국회에서 선출하는 간접선거였기 때문에 대통령의 권한이 좁아지고 지방정부의 득세를 염려하여 대통령의 실시의지가 없었다고 할 수 있다. 여론이 들끓자 시행하기는 하였으나 여기에서 당선된 자들은 대부분 대통령 선거를 간선제에서 직선제로 바꾸는 여론을 조장하고 관제 대모에 동원돼, 이승만 대통령의 하수인 노릇을 하다가 5·16군사 정변으로 인하여 막을 내려 수십 년간 개발독재에 눌려 잠자다, 노태우 대통령의 6·29선언에서 지방자치 선언을 한다. 그리고 1995년도 김영삼 대통령이 전면적으로 실시하고, 완전히 실시된 것은 교육감 선출을 하고, 주민소환제가 실시되면서부터라고 말할 수 있다.

이렇듯 처음 실시에서 완전 실시까지 반세기가 지났지만, 진정한 의미의 자치제가 안 되고 있는 것은 국민으로부터 위임받은 권력이 마치 자신들의 사유물로 착각하는 것이다. 권력과 국가 예산을 손에 쥐고 예산 배분 시기가 되면 단체장은 조직의 하수인처럼 마루와 문턱에서 머리를 숙이며, 그들의 입을 쳐다보는 지금의 구조, 이런 문제가 타파되지 않고는 진정한 자치는 요원하다.

지금도 그 맛을 버리지 못하고 권력을 가진 자들은 법을 바꾸어 지방자치의 발전에 힘쓰기는커녕 자치제 무용론을 주장하는 자들을 볼 수 있다. 유권자들은 이들을 눈여겨보았다가 선거 때 주권으로 권력욕이 목까지 찬 자들을 정치권에서 배제시켜야 한다.

그야말로 자치이니, 조그마한 일이라도 참여의식을 가지고 동참을 할 때, 단체장을 중심으로 군정이 분열되지 않을 때, 우리 군의 자치는 한 걸음 발전하게 될 것이다.

개탄스럽고 왜곡된 선거문화

2014년 6월 4일 지방선거가 코앞으로 다가오고 있다. 지방자치가 본격적으로 실시된 지 20년이 지났지만 애초의 참뜻과는 거리가 먼 답보상태를 벗어나지 못하고 있는 게 현실이다. 여러 가지 이유가 있겠지만 그중에 가장 중요한 것은 선거문화의 변질이라 할 수 있다.

세계적인 마술사 데이비드 킹은 내한 공연에서 여러 가지 신기한 마술을 선보이다 방청객 중 한분을 불러내 이제부터 당신과 나의 손바닥이 마주칠 때마다 오만 원 권 지폐가 나올 테니 돈이 어디에서 나오는지 자세히 보라며 자신의 소매를 걷어올렸다. 그리고 악수를 하듯 손바닥이 닿는 순간 오만 원 권 지폐가 그의 손에 전달된다.

마주칠 때마다 나오는데 얼마를 갖고 싶냐고 묻는다. 20만 원이라도 대답하자 그러면 좋다하며 악수를 세 번 더 하는데 신기하게도 악수한 대로 돈이 나와 타 방청객의 부러움을 사며 자리로 돌아간다. 그런데 우리 주변에도 때가 되면 유사한 마술사를 보게 되는데 공직 선거 후보자 중 일부가 데이비드 킹 못지않은 솜씨를 보인다.

후보자는 선거운동 중 유권자를 오만원이면 찍을 사람, 십만원은 되어야 찍을 사람 등으로 재빨리 구분하여 악수를 하면서 유권자의 손바닥에 붙여준다. 고전적인 방법으로 향응을 제공하고, 관광을 보내며, 봉투를 급수와 액수를 정하여, 조직을 동원하여 전달한다. 맨투맨으로 악수를 하면서 유권자에게 전달하는 효과의 극대화를 노린 것이라 할 수 있다. 사양하는 유권자에게는 바닥에 떨어뜨릴 것을 대비하여 예행연습까지 한다니 참으로 개탄스럽기 짝이 없다.

군의원 후보자의 자격 1순위는 2~3억 이상 써도 여유가 있어 먹고 사는데 지장이 없는 사람, 그놈이 그놈이니 다른 문제는 묻지도 따지지도 않는다는 것이 공공연한 정설이다. 후보로 나와 오천만원 쓰면 군의원후보 경력 스팩을 쌓는 것이고, 1억을 쓰면 당선될 수도 있고 낙선될 수도 있고, 1억 5천을 쓰면 그 후보 돈 쓰는 것을 보니 당선되기 쉬울 걸…. 2억 이상 쓰면 당선확정 장미꽃이 붙는다고 한다.

이런 후보가 의회에 진출한다면 주권자인 주민을 위하여 무슨 일을 할까? 이런 인사가 데이비드 킹 밑에서 마술이나 전수 받았더라면, 세계적인 마술사가 우리 지역에서 나왔을 것이다. 이외에도 지능화된 방법으로 돈을 뿌려 공명선거의 물을 흐려 놓고 있다.

어느 유권자는 받을 수도 버릴 수도 없어 난처하여 누가 볼까봐 받는다고 한다. 금품을 주기로 말하면 주권자인 내가 4~5년간 써먹을 일꾼을 뽑는 것이니, 주인인 내가 후원을 해야지, 거꾸로 받는 것은 잘못된 것이 아닌가?

유권자는 후보를 선택해야 하는 때가 되면 '어느 놈은 별 수 있나.' '그놈이 그놈이지.' '네~ 맞습니다.' 하면서 뽑으면 백년이 지나도 그놈밖에 나올 수가 없는 것이다. 주권의 정의가 살아있는 표를 행사하여야 한다. 정의롭게 선택된 후보는 주인을 무서워하고, 다음에 또 뽑히기 위하여 검은돈의 유혹을 뿌리치고 봉사의 자세로 임기 내내 주인을 위하여 동분서주 바쁠 것이 틀림없다.

이처럼 왜곡된 선거문화를 이번 지방선거에서는 바꾸자. 또 다시 금품을 받고 주권을 행사한다면 받은 금액의 몇 배가 손해로 돌아올 것은 너무도 자명한 일이다. 세상에는 일원도 공짜가 없는 것이 진리이기 때문이다.

선거문화 왜곡의 중심에는 무엇보다도 선관위의 책임이 가볍다고 할 수 없다. 선관위는 또 하나의 사법부로 시작해서 끝까지 관리감독의 총괄적인 책임하에 진행되기 때문이다. 그리고 선관위는 보편타당한 상식과 소양을 갖춘 인물을 뽑아 의회로 보내야할 막중한 책임이 있다. 부정선거, 탈법선거를 신고해야, 신고한 놈만 등신되더라. 이런 자조가 나와서는 안 되며, 이번 지방선거에서는 특단의 대책을 내놓아야 할 것이다.

획기적이고 새로운 감시시스템이 없고서는 돈을 많이 쓴 순서대로 8명이 정해질 수밖에 없는 왜곡된 선거문화, 삼자의 감시를 받기 전 신사협정을 마음속에 새겨보면 어떨까?

분노를 소비하는 사회

필자는 성장의 그늘에서 노인문제가 얼마나 심각한지 기고한 바 있다.

대통령께서는 신년 기자회견에서 국민 일인당 3만 5천~4만 달러의 시대를 열고, 수출은 사상 최대의 흑자를 내는 등 이것저것 희망에 찬 말씀을 하였다.

그것은 불가능하거나 믿기 어려운 일이 아니다. 다른 국가들도 해내고 있는데 우리라고 왜 못하겠는가? 문제는 이러한 성장의 혜택을 전체적으로 국민의 몇%가 보겠는가. 경제 시스템의 잘못인지, 낙수 효과가 전혀 나타나지 않는다는 것이다. 이런 점을 보완 해결하기 위하여 천문학적인 복지예산을 세워 집행하고는 있지만, 우리 주변을 보면 사각지대에서 여간 고통스러운 삶을 살아가고 있는 이웃이 한둘이 아님을 알 수 있다.

이렇게 경제는 성장하는데, 한 통계에 의하면 전체 국민의 5%는 상류층이라 답하고, 중산층은 10%를 밑돌고, 자신이 빈곤층이라고 믿는 자가 60%가 넘는다. 여기에 25%는 절대 빈곤층이라고 답하고 있다. 경제학의 '경'자도 모르는 사람도 알고 있는 사실이다. 개인회생 및 파산신청자 수가 연 20만에 가깝고, 가구 부채는 턱밑까지 차올라 우리 경제의 뇌관으로 작용하기 직전이다.

정치인은 입만 열면 일자리를 늘린다고 하지만 영 신통치 않은 게 현실이다. 전문대 이상 대학 졸업자는 50만에 육박하는데 선호하는 일자리는 만여 개에 불과하다는 것이다. 이처럼 성장의 뒤에서 만들어지는 사회적 문제는 나열하기 어려울 정도다.

최근에 우리 사회에서는 '변호인', '집으로 가는 길', '동막골', '풍경소리', '설국열차' 등 낯익은 영화 제목들이 인기리에 엄청난 수의 관객을 동원하며 상영되고 있는 현상은 무엇인가? 제목은 자르지만 내용은 우리 인간의 내면세계에서 무엇이 진실이고, 어떻게 살고 싶어하는가를 보여주는 것들이라 할 수 있다.

단적인 예지만 최근 치매에 걸린 부모를 숨지게 하고 자신도 목을 메 목숨을 끊은 상상하기조차 힘든 일이 발생했다. 전국에 치매 증상 환자는 56만에 이르고, 중증 환자는 25%가 넘는다 하니, 이를 두고 어찌 성장을 말하며 복지국가라고 할 수 있는가.

경제성장을 하는 만큼 전체 국민의 다수가 가슴에 분노가 쌓이고, 절대 다수의 노동자는 최저임금에도 못 미치는데, 어느 공기업의 주차관리 요원의 연봉이 1억 2천이라고 하니, 분명 무엇이 잘 못 되어도 크게 잘못된 것이 분명하다.

경제정책을 입안하고 집행하는 관계부처는 성장에만 매달릴 것이 아니고, 이제는 그 성장의 열매가 국민들에게 어느 정도 골고루 돌아갈 수 있는 정책에 신경을 써야 할 때가 아닌가 한다. 특히 복지 부문에서는 하드웨어 시스템에서 소프트웨어 시스템으로 바뀌어야만 극단적인 선택을 막을 수 있으며, 성장에 반감으로 쌓여있는 분노를 내려놓을 수 있다.

한참 뜸하던 대학가의 대자보에 '안녕들 하십니까?' 가 유행이다. 왜 뜬금없는 소리인가? 아니다. 그 동안 젊은이들의 가슴속에 쌓였던 분노가 표출된 것이다. 이처럼 우리들은 분노를 소비하며 살아야 하는 사회에 살고 있다. 이러한 문제는 자본주의 모순에서도 찾을 수 있지만, 무엇보다도 정치권에서 서로 내가 맞다고 싸우지 말고 신중한 고민이 필요한 때다.

소나기가 그치고 맑게 개이면 뭉게구름이 형성되는데, 이때 보면 구름의 모양이 사람의 형상을 하고 있다. 한 친구는 사람이라고 하고, 다른 친구는 원숭이 같다며 우기며 싸운다. 구름이 만든 사람과 원숭이가 차이가 나면 얼마나 나겠는가. 정치인이 이러는 사이 대다수 국민들의 마음에는 분노가 쌓이고, 그것을 소비하는 사회에 살고 있다는 현실을 정치권은 명심하길 바란다. 유권자가 심판한다는 것을.

토박이 농사꾼 출신 군의원 필요

이원면에서 '대청농원'을 운영하는 김외식씨가 "이제는 토박이 농사꾼을 뽑아야 할 때가 됐다."며 군의원 나 선거구 민주당 후보 출마 입장을 밝혔다. 김씨는 지금까지 옥천군 의회 구성을 보면 상당수가 전직 공무원과 건설업 등 사업자들이 많았다며, 이는 농민이 대대수인 지역실정과 맞지 않다고 비판했다.

김씨는 "옥천군 전체 인구 중에 농업에 직접 종사하는 사람들이 30%는 되고, 읍에 살더라도 친정이나 시댁이 농사를 짓는 사람들도 많기 때문에, 그렇게 보면 옥천사람 절반 이상이 농업 관계자라고 할 수 있다"고 말했다.

이 때문에 김씨는 옥천군 의회가 가장 먼저 해야 할 일로 농업 예산이 적재적소에 배치되도록 예산 쓰임을 꼼꼼히 따져 볼 것을 주문했다. 그와 동시에 주민들의 정주 여건 개선을 위한 대형 사업을 고민해야 할 시점이 지금이라고 지적했다.

가능성 희박한 대기업 유치로 주민들을 현혹할 게 아니라, 지금 살고 있는 주민들이 행복하게 살 수 있도록 하는 것이 중요한 문제라는 것. 아이부터 노인까지 함께 즐길 수 있는 공원, 스포츠 센터, 여가 시설 등을 만들어 삶의 질을 보장해야 한다는 것.

김씨가 보기에 지금의 옥천군 의회는 너무 점잖고 밋밋하다. 김씨는 "만약 당선이 되면 먼저 대청댐관리단이나 대전 동구청 같은 데 가서 피켓 들고 터무니없이 낮은 수계기금(톤 당 160원)을 현실화하라고 시위를 하겠다"고 말했다. 또 "대통령도 지난번 옥천에 왔을 때 약속한 힐링1번지 사업을 조속히 수행하라고 동료의원들을 설득해 대정부 결의문을 채택하겠다."고 밝혔다.

이 같은 행동들이 당장의 결실을 맺지는 못하더라도 우리고장 문제에 책임 있는 기관, 단체, 사람들에게 옥천군의 존재를 각성시키는 최소한의 효과는 있다는 것. 동시에 지역주민들의 묵은 속을 시원하게 해주는 것도 의원의 역할이라고 생각한다.

마지막으로 하고 싶은 것은 이원면민의 화합과 단합이다. 이원면에 이러저러한 단체는 수십 곳이 되지만 제대로 단합이 되지 않는다는 것. 당선이 되면 누구보다 앞장서서 지역 문제를 공론화 하고 여론을 모으겠다고 밝혔다.

1955년생으로 출생지는 영동군 양강면 죽산리이지만, 어려서부터 이원면 미동리에서 자랐다. 초등학교를 졸업한 뒤 중고등학교 과정은 검정고시를 통과했다. 현재 한국방송통신대학 국어국문학과 2학년에 재학중이며 조경, 종자, 산림, 친환경 농업에 관한 국가기술자격증을 보유하고 있다고 밝혔다. 30년째 이원면에서 대청농원을 운영하고 있다.

* 옥천신문 정창영 기자의 기사를 옮겼습니다.
* 정창영 기자 이메일 young@okinews.com

기다림의 수채화

김외식 시집

발 행 일 | 2014년 3월 27일
지 은 이 | 김외식
발 행 인 | 李憲錫
발 행 처 | 오늘의문학사
출판등록 | 제55호(1993년 6월 23일)
주 소 | 대전광역시 동구 대전로 867번길 52 (한밭오피스텔 401호)
전화번호 | (042)624-2980
팩시밀리 | (042)628-2983
홈페이지 | http://www.lito77.co.kr(홈페이지)
전자우편 | hs2980@hanmail.net

공 급 처 | 한국출판협동조합
주문전화 | (070)7119-1741~2
팩시밀리 | (031)944-8234~6

ISBN 978-89-5669-606-5
값 10,000원

* 이 책은 전자책(교보문고)으로도 제작되었습니다.